BEI GRIN MACHT SICH IHR WISSEN BEZAHLT

- Wir veröffentlichen Ihre Hausarbeit, Bachelor- und Masterarbeit

- Ihr eigenes eBook und Buch - weltweit in allen wichtigen Shops

- Verdienen Sie an jedem Verkauf

Jetzt bei www.GRIN.com hochladen und kostenlos publizieren

Fanny Lewalds "Jenny". Drei Motive und ihre Funktion als Rahmen der Handlung

Marco Garbely

Bibliografische Information der Deutschen Nationalbibliothek:

Die Deutsche Nationalbibliothek verzeichnet diese Publikation in der Deutschen Nationalbibliografie; detaillierte bibliografische Daten sind im Internet über http://dnb.d-nb.de abrufbar.

ISBN: 9783389049853
Dieses Buch ist auch als E-Book erhältlich.

© GRIN Publishing GmbH
Trappentreustraße 1
80339 München

Alle Rechte vorbehalten

Druck und Bindung: Books on Demand GmbH, Norderstedt Germany
Gedruckt auf säurefreiem Papier aus verantwortungsvollen Quellen

Das vorliegende Werk wurde sorgfältig erarbeitet. Dennoch übernehmen Autoren und Verlag für die Richtigkeit von Angaben, Hinweisen, Links und Ratschlägen sowie eventuelle Druckfehler keine Haftung.

Das Buch bei GRIN: https://www.grin.com/document/1491499

Universität Bern
Institut für Germanistik
Basiskurs LWII: Gesellschaftskritik im Roman zwischen 1830 und 1848
Herbstsemester 2016

„Man kann mein Herz brechen, aber es niemals zu schwankender Gesinnung überreden!"[1]
Drei Motive und ihre Funktion als Rahmen der Handlung in Fanny Lewalds *Jenny* (1843)

Garbely Marco

Bachelor of Arts in German Language and Literature Germanistik und Theaterwissenschaft
4. Semester

---

[1] Lewald, Fanny: *Jenny*. München: Deutscher Taschenbuch Verlag, 1996, S. 20.

INHALTSVERZEICHNIS

1. Einleitung 2
2. Hauptteil 3
   2.1 Treibhaus-Motiv 3
   2.2 Effi-Briest-Thematik 6
   2.3 Flora-Motive 8
3. Zusammenfassung der Analyseergebnisse 10
4. Literaturverzeichnis 13

1. Einleitung

> „Er hatte wenig Gesellschaften erlebt, wenig mit Frauen verkehrt, und ihr eigentümliches Gemütsleben, die ganze innere Welt desselben, war ihm fremd."[2]

Das oben aufgeführte Zitat skizziert kurz und prägnant Gustav Reinhards Charakter, an den des weiteren christlich-starrer Dogmatismus gekoppelt wird, welcher ausschlaggebend für die Gemütsänderungen und im Zuge dessen für das Schicksal der jungen Jüdin Jenny Meier im Verlaufe des Romans *Jenny*[3] (1843) aus der Feder Fanny Lewalds (1811-1889) ist. Der Roman einer der einflussreichsten Autorinnen des 19. Jahrhunderts gilt als wichtiges Zeugnis der Aufbruchsliteratur der Frauen im Vormärz. In der Geschichte der geistreichen Jenny und ihrer Liebe zum orthodoxen Theologiekandidaten Reinhard wurden von Fanny Lewald brisante Themen wie Frauenemanzipation und Antisemitismus in einen historischen Kontext eingebettet.

Die säkularisierte Konversion Jennys, die als Deklaration sozialer und ideeller Zugehörigkeit[4] bewertet werden kann, ist das Endergebnis eines mentalen Prozesses, der durch Reinhards dogmatische Indoktrinationsversuche des christlichen Glaubens initiiert wurde. Jennys durch lockere frühkindliche Erziehung habituell verinnerlichte kecke Gemütsart und Natur wehren sich jedoch gegen die Intentionen Reinhards, da die charakterlichen Attribute der jungen Jüdin mit den von Reinhard geforderten Werten keine Kongruenz zeigen können.

Befasst man sich nun mittels literaturwissenschaftlicher Methodik ('close reading') mit dem Roman Lewalds, stösst man während der Lektüre auf einen Motivkomplex, der in der Flora und in intertextuellen Beziehungen zum ebenfalls im 19. Jahrhundert wirkenden Autoren Theodor Fontane (1819-1898) verortet ist. Dabei handelt es sich um das wiederholte Erwähnen Lewalds des Meierschen Treibhauses, in dem eine blühende, künstlich erzeugte Pflanzenwelt gedeiht sowie um die Effi-Briest-Thematik. Der Roman *Effi Briest* (1896) erschien zwar ein knappes halbes Jahrhundert später als das Werk von Fanny Lewald, jedoch können im Wesen Jennys zahlreiche psychologische Vorgänge, die denen Effis ähneln, kenntlich gemacht werden.

Die nachfolgende Arbeit untersucht unter praktischer Anwendung des Motivkomplexes auf die interkonfessionelle Liebesdynamik Jennys und Reinhards dessen Funktion als Rahmen bzw. stützendes Gerüst der Handlung.

---

[2] Lewald 1996, S. 36.
[3] Zitate aus Fanny Lewalds *Jenny* werden im fortlaufenden Text mithilfe von Klammern nachgewiesen nach der Ausgabe: Lewald, Fanny: *Jenny*. München: Deutscher Taschenbuch Verlag, 1996.
[4] Vgl. Schneider 1993, S. 81.

Die folgende Analyse folgt der These, dass drei Motive (Treibhaus-Motiv, Effi-Briest-Thematik, Flora-Motive) das Geschehen in *Jenny* stützen und deren Bedeutung verschiedenen Problemen wie beispielsweise antisemitische Haltungen oder durch Reinhards Dogmatik verursachte Gemütsänderungen Jennys als Fundament dient und man sich diesen durch den obengenannten Motivkomplex besser bzw. analytischer annähern kann, um valide Schlüsse daraus zu ziehen.

Motivische Ansätze wurden in der Literaturwissenschaft bei *Jenny* bisher noch nicht verfolgt. Komplexe wie Flora oder psychosoziale Phänomene (Effi-Briest-Thematik) wurden gänzlich vernachlässigt oder als nicht wichtig empfunden. In der Forschung wird der Roman ausschliesslich unter den Gesichtspunkten des Judentums und der Frauenemanzipation abgehandelt.

Zahlreiche AutorInnen befassten sich mit der Frauenproblematik und dem jüdischen Aspekt, beispielsweise unter der Annahme, *Jenny* sei die Verarbeitung Lewalds der traumatischen eigenen Erfahrungen einer Konversion ohne Überzeugung und in der Darstellung der Christen manifestiere sich religiöse Intoleranz.[5] Diesen Ergebnissen[6] ist zwar nichts entgegenzusetzen, jedoch müssen diese Aspekte in ein Licht gerückt werden, das aus beabsichtigten Motivgründen heraus strahlt. Aus diesem Grund nimmt sich die nachfolgende Arbeit der überfälligen Analyse an und schlägt GermanistInnen einen neuen Interpretationsansatz des einflussreichen Vormärz-Romans vor.

2. Hauptteil

2.1 Treibhaus-Motiv

Das Treibhaus der Meierschen Familie, das William Hughes als „[...] eines der reichsten und schönsten, die er jemals gesehen habe [...]" (S. 82-83) bezeichnet, fungiert im Roman in zahlreichen Szenen als Schauplatz des Geschehens. Ein Treibhaus ermöglicht eine gesteuerte und kontrollierte Kultivierung von verschiedenen Pflanzenarten. Durch das Errichten einer solchen Konstruktion agiert der Mensch quasi als Schöpfer etwas Neuen, das er zu beherrschen versucht, um es nach seinem Bilde zu formen und gedeihen zu lassen. Eduard Meier konstatiert selber, dass in einem Treibhaus „[...] etwas Unnatürliches in der Farbenpracht und dem Duft dieser erkünstelten Vegetation [liegt]" (S. 97) und er sich nicht daran erfreut, wenn man etwas von seinem Platz entferne. (Vgl. S. 97)

Projiziert man nun die Funktion eines Treibhauses und den Tatbestand, der Mensch

---

[5] Der Forschungsstand und der im Vergleich mit anderen Werken geringe Umfang an Sekundärliteratur wird bei Schacht 2001, S. 20-21 zusammengefasst.
[6] Zu erwähnen sind hierbei: Pazi, Margarita: Fanny Lewald – Das Echo der Revolution von 1848 in ihren Schriften, Stuttgart: Burg, 1983.; Goetzinger, Germaine: „Allein das Bewusstsein dieses Befreienkönnens ist schon erhebend." Emanzipation und Politik in Publizitik und Roman des Vormärz', 1988. ; Marx, Leonie: Der deutsche Frauenroman im 19. Jahrhundert. In: Helmut von Koopmann (Hg.): Handbuch des deutschen Romans, Düsseldorf, 1983, S. 434-459.

fungiere als göttlicher Schöpfer, auf die Liebesdynamik zwischen Jenny und Reinhard, wird die Ähnlichkeit einer solchen Abhängigkeitsbeziehung (Mensch-Pflanze bzw. Reinhard-Jenny) ersichtlich. Reinhard will Jenny zuerst als Hauslehrer und dann als Geliebter seine christlichen Werte und Normen indoktrinieren, um sie so nach seinem Bild der sittenreinen Frau christlichen Glaubens gedeihen und wachsen zu lassen.

Jennys Charakterzüge werden dem Leser früh im Roman vorgestellt und das „[…] Unfügsame in [ihrem] Wesen" (S. 18) sowie ihre 'Unfähigkeit' „[sich] in den Willen eines andern zu fügen […]" (S. 19) zeigen unverblümt auf, dass Jenny keiner Gemütsart- und Glaubenstransformation, wie Reinhard sie intendiert, unterzogen werden kann.

An dieser Stelle fliesst erstmals eine autobiographische Färbung Lewalds in ihren Roman mit ein. In *Meine Lebensgeschichte* (1861) führt sie aus, dass ihre Glaubenszweifel in Zusammenhang mit ihrer Taufe in das Werk eingeflochten worden sind[7], was nahelegt, dass sich ihr widerstandsfähiger Charakter kongruent zu demjenigen Jennys verhält. Jennys unfügsamer Charakter beginnt sich während des Unterrichts mit Reinhard zu wandeln. Atypisch für ihre psychologische Natur beginnt sie sich scheu zurückzuziehen und ihre spöttische Wesensart zu dezimieren. (Vgl. S. 35) Jenny entfremdet sich selbst und auf markante Art und Weise wird beschrieben, wie sie ihre Unbeugsamkeit zurückstellt, da Reinhard einen grossen Einfluss auf sie ausübt und so einen schwerwiegenden mentalen Prozess auslöst.[8]

Reinhards Bemühungen, Jenny in seinem religiös-orthodoxen 'Treibhaus' zu formen, scheint zu Beginn Früchte zu tragen. Im 19. Jahrhundert war es üblich, ungewünschte Attribute der (jüdischen) Mädchen, wie die spöttische Natur oder das starke Wesen Jennys, das Reinhard missbilligt (Vgl. S. 88), durch entsprechende Erziehung zu beseitigen.[9] Reinhards Idealbild einer Frau korrespondiert mit seiner eigenen starren Ideologie Idealzustände herzustellen, ohne deren Existenz er nicht lebensfähig ist.

Das Bild der idealen sittenreinen Frau, die seinen Vorstellungen entspricht, offenbart sich dem Leser im Dialog zwischen Reinhard und seiner Mutter, der Pfarrerin. Die Mutter führt aus, „Jennys Geist [sei] unerbittlich klar; er lässt sich nie von ihrem Herzen täuschen. Das ist es was mich besorgt macht" (S. 88) und skizziert so Reinhards idealistisches Bild, das des Weiteren durch seine Meinung erweitert wird, Frauen sollen sich nicht mit anderen Männern abgeben oder 'sittenlosen' Theaterstücken beiwohnen. (Vgl. S. 49-51) Jennys Mutter aber vertritt die Ansicht, Jenny solle man an Dingen teilnehmen lassen, die man ihrem Alter sonst unverständlicherweise vorenthält. (Vgl. S. 48) Diese Aussage ist Sinnbild der Erziehung, die Jenny in der Familie Meier genoss. Schon früh zeigte sich ihr rationaler und aufklärerisch-

---

[7] Vgl. Schacht 2001, S. 36.
[8] Vgl. Schneider 1993, S. 86.
[9] Vgl. Rheinberg 1987, S. 183.

anmutender Charakter, der sich nun jeglichen Formungsversuchen Reinhards in den Weg stellt. Charakteristika wie Intellekt und Unbeugsamkeit werden von Reinhard zwar missbilligt, sind aber gewichtige Komponenten von Jennys Wesen[10], das sich nicht wie Pflanzen in einem Gewächshaus modellieren und kontrollieren lässt.

Eine scheinbare Modifikation der charakterlichen Attribute Jennys wird in der Szene sichtbar, in der sie entgegen ihrer Gewohnheit, in der Nacht bzw. in der Abenddämmerung alleine auf den Strassen unterwegs zu sein, beschliesst, den Weg zu Reinhard alleine zu bewältigen. (Vgl. S. 147) Mit dieser Handlung will sie sich in Reinhards Bild fügen, der sich daran stört, dass die verwöhnte Jenny während ihrer Ausflüge zu ihm immer einen Bediensteten mit sich hat. Ein Mädchen mit solchen Wohlstandsgewohnheiten will der orthodoxe Reinhard nicht zur Frau haben. Jenny kommt zwar unbeschadet bei Reinhard und der Pfarrerin an, ihre Augen jedoch waren voller Tränen und ihr Gesicht sehr bleich. (Vgl. S. 148)

Jenny kann sich nun atypisch für ihre spöttisch-neckische Art, die ihr von Lewald attestiert wird (Vgl. S. 22, 54), nicht mehr selbstverspotten, wie sie dies bisher immer tat. (Vgl. S. 148) Dies zeigt an, wie weit die von Reinhard durch religiöse Absichten hervorgezwungene Gemütsänderung Jennys bereits vorangeschritten ist. Der Reichtum der Familie Meier, den Reinhard als nicht standesgemäss für sich und seinen christlichen Glauben disqualifiziert, wird vermehrt zum Auslöser für Streitgespräche zwischen den Eltern Jennys und Reinhard.[11]

Jennys psychologische Verfassung, die sich im bleichen und tränenübergossenen Gesicht während der Ankunft in Reinhards Haus nach dem alleine bewältigten Weg manifestiert, verschlechtert sich zunehmend. Betrachtet man diese Tatsache unter Berücksichtigung des Treibhaus-Motives, gleicht Jenny einer Pflanze, die unter der Sonneneinstrahlung (Christentum Reinhards) in einem schwülen Gewächshaus nicht gedeihen bzw. nicht nach dem Idealbild eines Schöpfers geformt werden kann und dadurch im Begriff ist, zu verwelken.

Reinhards Dogmatik betrübt das eigentlich positive Wesen Jennys und sie beginnt, allmählich in sein Ideal überzugehen. Sinnbild für diesen Übergang ist die Szene zwischen Jenny und Reinhard während des von der Meierschen Familie veranstalteten Festes im Treibhaus. Reinhard wird übermütig und hebt sie hoch bzw. umklammert sie mit den Worten „[…] dass du von mir, von meinem Wollen abhängst, das macht mich glücklich […]." (S. 120) Der vermeintliche Gedeihprozess scheint durch diese klammernde, fast schon freiheitsberaubende Umarmung abgeschlossen zu sein.

Reinhards Intentionen, Jenny zu formen bzw. ihren Hochmut zu senken (Vgl. S. 37), können als Versuch angesehen werden, ihre religiös undogmatische und extrovertierte

---

[10] Vgl. Zajdowicz 2011, S. 164.
[11] Vgl. Tebben 1997, S. 67.

Schönheit zu unterdrücken, da er eigentlich im Wesen derselbe sinnliche Mann wäre, dies jedoch für ihn mit seinem frommen Ideal unvereinbar ist.[12]

Jennys Vater weist Reinhard oftmals zurecht und fordert von ihm, es ihm zu erlauben, Jenny mit Insignien auszustatten, damit diese ihr bisher gut situiertes Leben weiterführen kann. (Vgl. S. 153) Reinhard wehrt sich vehement gegen dieses Vorhaben und konstatiert: „Aus Liebe kann man viel!". (S. 154) In dieser Äusserung kommt die Doppelmoral Reinhards zum Vorschein, der der Liebe zwar eine immense Kraft zugesteht, jedoch selber nicht dazu bereit ist, Jennys jüdische Konfession zu akzeptieren oder weniger streng und fordernd zu sein. Der Vater wird zu einer Inkarnation des jüdisch-bürgerlichen Vaterideals[13] und bittet Reinhard darum, sich nicht „[…] zu sehr ins Ideale [zu verlieren]". (S. 157)

Die sichtlich angeschlagene Jenny verfasst ein gekünsteltes Glaubensbekenntnis (Vgl. S. 198) aufgrund des psychosozialen Druckes, der auf ihr lastet[14], und lässt die Taufe über sich ergehen, nach deren Vollzug sie weinend vor den Familienmitgliedern zusammenbricht. (Vgl. S. 209) Nach ihrer markanten von Reinhard herbeigeführten Gemütsänderung bricht die konvertierte Jenny durch ihren Brief an ihn (Vgl. S. 243-245) aus dem Treibhaus aus, um wieder in der Natur gedeihen zu können, ohne den Einfluss einer externen Schöpferfigur, die ihr ihr Ideal aufdrückt und sie somit von dem entfremdet, was sie seit Kindesjahren ist: eine undogmatische, geistreiche, spöttische und kecke, junge Frau.

2.2 Effi-Briest-Thematik

Jennys Gemütsveränderungen, die mit verstärkten Liebeszweifeln und drastischen Verhaltensänderungen einhergehen, ähneln stark den negativen Verhaltensauffälligkeiten Effi Briests in Theodor Fontanes Roman *Effi Briest*[15] aus dem Jahre 1896. Effi Briest wird dem Leser als wildes, kindliches und geistreiches Fräulein vorgestellt[16] – ähnliche Attributierungen wie Jenny sie von Fanny Lewald erfährt. Effi wird mit dem Baron von Innstetten verheiratet, da er ein „[…] Mann von Charakter, von Stellung und von guten Sitten [ist]". (S. 22) Effi ist sichtlich verwirrt nach der Verlobung und als man ihr die Frage stellt, wie es ihr nun ginge, antwortet sie: „Wenn man zwei Stunden verlobt ist, ist man immer ganz glücklich. Wenigstens denk ich es mir so." (S. 26)

Während ihrer Ehe mit Innstetten schafft sie es nicht, den von ihm geforderten Wandel vom wilden Fräulein hin zur Baronin von Innstetten zu vollziehen, da dies einer

---
[12] Vgl. Schacht 2001, S. 79.
[13] Vgl. Schacht 2001, S. 183.
[14] Vgl. Schneider 1993, S. 88.
[15] Die nachfolgenden zwei Zitate werden mithilfe von Klammern nachgewiesen nach der Ausgabe: Fontane, Theodor: *Effi Briest*. Frankfurt am Main: Insel, 1976.
[16] Vgl. Chambers 2014, S. 213.

Selbstverleumdung gleichkäme.[17] Um den ungewünschten charakterlichen Attributen Effis entgegenzuwirken bzw. um diese zu transformieren, erzählt Innstetten ihr vom Chinesenspuk, der sich im Hause Innstettens abspielen soll. Durch diese Handlung versucht er sie durch Furcht zu erziehen und ihr den ungewünschten Übermut und ihr starkes Wesen auszutreiben.

Effi fühlt sich im grossen Haus alleine und gefangen. Der Wunsch nach einem Ausbruch ist in ihren Gedankengängen omnipräsent. Als Effi die Ehe mit Innstetten schier nicht mehr zu ertragen vermag, lernt sie den Freigeist Crampas kennen, mit dem sie eine Affäre beginnt. Crampas steht in einem typischen Antagonistenverhältnis zu Innstetten, da sich deren Charakterzüge und Wertvorstellungen eminent unterscheiden und als gegenteilig bezeichnet werden können. Crampas dient Effi als Exot und als Abwechslung zum ernsten und langweiligen Leben im Hause Instettens.

Verinnerlicht man sich nun den Inhalt von *Effi Briest*, werden viele Gemeinsamkeiten zwischen den beiden jungen Frauen Jenny und Effi erkennbar. Einerseits können, wie bereits bei Punkt 2.1 ausführlich abgehandelt, ebenso wie bei Innstetten und Reinhard betreffend kontrolliert herbeigeführter Gemütsveränderung Parallelen gezogen werden. Reinhard bedient sich in diesem Unterfangen seiner christlichen Dogmen und indoktriniert diese Jenny, Innstetten hingegen versucht durch den toten Chinesen, der anscheinend im Haus spuken soll, bei Effi Angst zu erzeugen, um ihr wildes Wesen zu mässigen und zu bändigen. Jenny entfremdet sich selbst während der Beziehung zu Reinhard und durch die Konversion zum Christentum begeht sie, wie Effi beim Wandel vom jungen Fräulein zur Baronin, Selbstverleumdung.

Beide sind junge und unfügsame Wesen, die sich nicht durch Männerhände, die andere Absichten vertreten als sie, erziehen lassen wollen. Vielmehr sind Jenny und Effi zwei Individuen, die eigene Werte und Normen vertreten, die wiederum unumstösslich sind. Nach Jennys Konversion wird sie von Unehrlichkeit geplagt (Vgl. S. 240), da sie im Kindesalter gelernt hatte, die Maximen der Ehrlichkeit einzuhalten und weder sich selbst noch andere zu belügen. Genau wie Effi fühlt sie sich dem Element entrissen, in dem alleine sie atmen konnte. (Vgl. S. 241)

„Ihre Erziehung zur Wahrheit, Produkt tradierter Ideale des Judentums [,]"[18] lässt sich nicht verleugnen. Durch ihre kontinuierliche Selbstverleumdung und durch die immer wieder gehegten Zweifel während ihrer Liebschaft mit Reinhard werden selbst ihre Freunde stutzig und schlussfolgern, dass wenn Reinhard „[…] darauf besteht, sie in jene Einöde zu führen. […] Ich sehe sie schon […] mit einem Schäfer- oder Krummstabe […]." (S. 178), dies die lebensfrohe Jenny in den emotionalen Abgrund führen wird.

---

[17] Vgl. Chambers 2014, S. 213.
[18] Tebben 1997, S. 65.

Jennys mentaler Zustand zeichnet sich durch ein Wechselbad der Gefühle aus. Die Wohnung der Pfarrerin, die ihr immer sehr idyllisch erschien, nimmt sie auf einmal als „[…] eng und beklommen" (S. 152) wahr. Die dürftig eingerichtete Wohnung symbolisiert hier das Fehlen eines geistigen Freiraums, dessen sie bedarf.[19] Eine ähnliche Verhaltens- bzw. Wahrnehmungsauffälligkeit kann auch bei Effi Briest beobachtet werden, wobei diese sich im zu grossen Haus alleine einsam fühlt und ihr dies nicht behagt.

Die Rolle des Exoten und Freigeistes nimmt für Jenny der weltoffene und exzentrische Erlau Steinheim ein. Während eines brisanten Diskurses zwischen Jennys Bruder Eduard und Reinard über die fehlende Sittlichkeit des Theaterstücks *Figaro* unterbindet Erlau das „[…] ewige Moralisieren […]" (S. 53) der beiden und setzt sich im Zuge dessen für die Tatsache ein, dass ein junges Mädchen wie Jenny sehr wohl einem solchen Stück beiwohnen darf, da „[…] Gott […] uns fraglos für die Freude geschaffen [hat und er will,] dass wir uns freuen sollen." (S. 53) Erlau bemängelt wie bereits in einer früheren Episode die „[…] philosophische Philisterlaune […]" (S. 12) Eduards, als dieser ihm dadurch die Laune vermieste.

Diese Gegensätzlichkeit zu Reinhards Charakter unterstreicht die reizende Wirkung Erlaus, die er auf Jenny ausübt, da sie sich nur vor ihm nie scheute, sich in aller Exzentrizität zu zeigen. (Vgl. S. 183) Eine Wesensart, die sie vor Reinhard nie ausleben durfte bzw. konnte, da er ihr diese 'Eigentümlichkeit' auszutreiben versuchte. Erlau ist dann auch derjenige, der sich aufgrund eines Wandergruppenanschlusses von Jenny verabschiedet und ihr folglich seine Liebe gesteht – ganz in seiner extravaganten, philosophischen Art, wie man dies von seiner weltoffenen Natur kennt. Jenny sieht in ihm einen Gegenpol zu Reinhard, wie Effi in Crampas, der nun samt „[…] des Genius ihrer fröhlichen Jugend" (S. 183) von ihr scheidet.

2.3 Flora-Motive

Als es darum geht, Jennys Zukunft zu erörtern, eröffnen ihre Eltern eine Diskussion über die Tauglichkeit Josephs, Jennys Ehemann zu stellen. Jenny reagiert empört auf diesen Vorschlag, da sie ihn zu Beginn des Romans nicht leiden kann, weil er von „[…] Tag zu Tag unerträglicher [und] abstossender [wird]" (S. 18) und beleuchtet ihren widerstandsfähigen Charakter mittels einer Metapher aus dem Reich der Pflanzen. Sie verweist während ihrer Argumentation auf die grosse Pappel im Garten, die „[…] der Wind hin und her [biegt]." (S. 20) Ihre psychische Natur kann mit den Eigenschaften einer derart widerstandslosen Pappel, die sich von externen Einflüssen bewegen lässt, nicht in Einklang gebracht werden.

Eine solche Charakterfestigkeit, die Jenny von ihrer Mutter attestiert wird (Vgl. S. 19), ist das Produkt ihres schweren Loses als Jüdin. Bereits während ihrer Kindheit wurde sie von den

---

[19] Vgl. Tebben 1997, S. 65.

Eltern ihrer Schulfreundinnen gebrandmarkt, indem diese ihren Kindern keine Erlaubnis erteilten, Jenny zu sich einzuladen (Vgl. S. 32), worunter das junge Mädchen sehr litt. Ihre Familie reagiert auf diese religionsbedingten Diffamierungen und lässt sie Privatunterricht nehmen.[20] Diese Entscheidung zeigt den Wert der jüdischen Familie im 19. Jahrhundert auf, in dem die Familie als Ersatz für unbefriedigende soziale Aussenbeziehungen fungierte.[21]

Die frühkindlichen Ausgrenzungen, wodurch Jenny eines elementaren Bedürfnisses, das der Gemeinschaft mit Gleichaltrigen, beraubt wird, sind mit ein Grund für ihr starkes Wesen. Ähnlich verhielt es sich mit der Autorin Fanny Lewald, die während des Schulunterrichts durch Kommentare ihres Lehrers oder durch den Ausschluss vom Konfirmandenunterricht immer wieder an ihre Sonderstellung erinnert wurde.[22] Für eine jüdische Frau, die am kulturellen Leben teilhaben wollte, war der Druck immens, zu konvertieren und sich so des Judentums zu entsagen.[23] Trotzdem vertritt Jenny die Ansicht, dass „[a] Jewish woman's intellectual life might be more satisfactory than a Christian woman's […]."[24]

Ein weiteres, wichtiges Motiv aus der Flora, das als Fundament von Jennys Leben mit Reinhard dient, stellen die Immortellenzweige dar, die ihr von Clara Horn bei deren Abschied mit den Worten „Die lasse ich zum Pfand hier, dass ich bald wiederkomme […]" (S. 96) überreicht werden. In der Pflanzenkunde werden Immortellen als in jeder Vegetation wachsende Pflanzen definiert, deren Gedeihen und Wachstum von genügend Sonnenlichteinstrahlung abhängen. Projiziert man diese Eigenschaft auf Jenny, fällt auf, dass sich Jennys starkes Gemüt nur unter geistigem Freiraum (Sonnenlichteinstrahlung) entfalten kann.

In der Pflanzenheilkunde wiederum werden Immortellen dazu genutzt, psychisch angeschlagenen Personen Halt zu schenken und sie sachte zurück in die Realität und somit zurück auf den Boden der Tatsachen zu führen. Jennys Selbstverleumdung korrespondiert somit mit den heilbringenden Eigenschaften der Pflanze, da Jenny nach ihrer Konversion Halt braucht und sich zurück in die Realität einfügen muss.

Ihre Liebe zu Reinhard war zwar im Gegensatz zu ihrem Glaubensbekenntnis ungelogen, jedoch befand sie sich während der ganzen Beziehung in einer irrealen Sphäre der Selbstverleugnung, aus der sie nur durch ihren Brief an Reinhard ausbrechen kann. So gelangt sie zurück auf den Boden der Tatsachen und wird sich erstmals wieder ihrer ursprünglich unzähmbaren Attribute bewusst. Durchforstet man den Roman nach weiteren Episoden oder Werten, die in der Pflanzenwelt verortet sind, stösst man auf Jennys pantheistisches

---

[20] Vgl. Hausen 1988, S. 100.
[21] Vgl. Schacht 2001, S. 176.
[22] Vgl. Rheinberg 1987, S. 171.
[23] Vgl. Hertz 1990, S. 219.
[24] Stocksieker di Maio 1991, S. 282.

Glaubensmodell. Im Gespräch mit dem Pastor findet sie den pantheistischen Glauben vor[25], der besagt, Gott werde als Modifikation der göttlichen Substanz in der Welt und Natur ersichtlich.[26]

Während den ganzen Gesprächen zwischen Jenny und dem Pastor, der sie auf die Taufe vorbereitet, kristallisieren sich bei ihr die realen Zustände ihrer Liebe zu Reinhard heraus. Die Dreifaltigkeit und im Allgemeinen die Notwendigkeit des christlichen Glaubens werden für sie nicht ersichtlich. (Vgl. S. 144-145) Die christlichen Lehren erscheinen der rationalen Jenny unlogisch und dadurch kann sie diese nicht verinnerlichen. (Vgl. S. 142)

Bearbeitet man nun wieder mittels biographischem Methodenansatz diesen Sachverhalt, wird ersichtlich, dass sich Fanny Lewald die Bedeutung und den Geist des Christentums zuerst selber nicht erklären konnte. Die Lehren wurden von ihr erst verstanden, als sie älter wurde.[27]

Jenny interpretiert die Dreieinigkeit in einem ihr logischen Modell, das von Reinhard jedoch missbilligt wird. (Vgl. S. 150) Die wiederholten Ablehnungen, die Jenny von Reinhard erfährt und die Unterrichtsstunden mit dem Pastor, der ebenfalls jegliche Allegorien, die Jenny selber zieht, um sich des Christentums anzunähern, verwirft, kulminieren schlussendlich in ihrem Entscheid, wieder in die Realität zurückzukehren und Reinhard mitzuteilen, sie „[…] glaube nicht, dass Christus der Sohn Gottes ist [und] dass es seines Todes bedurfte, um uns Gottes Vergebung […] zu erwerben." (S. 244)

Durch diesen Brief entsagt sich Jenny endgültig der ihr psychisch schadenden Beziehung mit Reinhard, tilgt ihre Selbstverleumdung und nähert sich wieder sich selbst an – an die Wesensart eines freien und widerstandsfähigen Mädchens. Obwohl die Immortellenzweigen relativ früh im Roman in Erscheinung treten (Vgl. S. 96), ebnen sie als Vorausblick auf den weiteren Romanverlauf den Weg Jennys zurück in ihre ursprüngliche Sphäre, die ihr genug Sonneneinstrahlung bietet und ihr die Kraft gibt, sich nicht wie eine widerstandslose Pappel herumwehen zu lassen.

3. Zusammenfassung der Analyseergebnisse

Die Untersuchung hat gezeigt, wie die Handlung von *Jenny* entlang der verschiedenen Motive bzw. Thematiken verläuft und diese Motive dazu dienen, den Inhalt in einer Art und Weise zu transportieren, die dem Leser das Geschehene näherbringt und er dadurch in der Lage ist, Jennys Wirken und Denken besser verstehen zu können. Obwohl die behandelten Motivkomplexe in der Sekundärliteratur weitgehend ignoriert wurden, ist es mittels der Methode des 'close readings' auszuschliessen, dass die von Fanny Lewald behandelten Thematiken nur zufällig in den Text verwoben wurden.

---

[25] Vgl. Blackwell 1982, S. 260.
[26] Vgl. Tebben 1997, S. 63.
[27] Vgl. Hoffmann 2011, S. 112.

Die Funktion einer künstlich erzeugten Treibhauskonstruktion zur Kultivierung von Pflanzen durch Sonneneinstrahlung ist Sinnbild für das Unterfangen Reinhards, eine gottähnliche Position einzunehmen und Jenny die Werte zu indoktrinieren, die er in seinem idealisierten Frauenbild zu sehen wünscht. Dabei verhält er sich wie ein Mensch, der die Pflanzen durch seine Methoden (hier: Treibhaus) zum Gedeihen bringen will und ihm so das Schicksal der passiven Pflanzen obliegt.

Die Indoktrination Reinhards scheint durch den religiösen Hauslehrunterricht anfangs zu gelingen, da Jenny sich selbst entfremdet und bemüht ist, ihre identitätsstiftenden Attribute zu unterdrücken. In Folge dessen beginnt sie damit, sich selbst und andere anzulügen und ein gekünsteltes Glaubensbekenntnis zu verfassen, um die Konversion zum Christentum zu begehen, an dessen Dogmen und Lehren sie aber durch ihre jüdisch-konnotierte Rationalität nicht festhalten kann. Die Formung durch Reinhard wird abrupt unterbrochen, als sie sich in einem Brief an ihn wendet und die Lehren des Christentums verwirft. Dadurch gelingt es ihr, sich aus dem Treibhaus zu befreien und zurück in ihre ursprüngliche Sphäre zu gelangen.

Die Beziehung zu Reinhard geht mit vielen verschiedenen auffälligen Verhaltensweisen einher, die sich atypisch zu Jennys innerem Wesen verhalten. Dadurch fällt sie in Verhaltens- und Denkmuster, die denen Effi Briests aus dem Fontane'schen Roman *Effi Briest* aus dem Jahre 1896 ähneln. Frappant wandelt sie sich zu einem Mädchen, das nicht mehr dazu in der Lage ist, sich selbst zu verspotten und in dem ernsten und strengen Leben mit Reinhard zu verwelken droht. Effi Briest erlebt eine ähnliche Leidensgeschichte und findet im weltoffenen Exoten Crampas Halt und Abwechslung zum eintönigen Leben in Innstettens Haus. Den Platz des extravaganten Exoten für Jenny nimmt Erlau ein, bei dem sie sich immer so exzentrisch verhalten konnte, wie es in ihrer Natur liegt und in dessen Gesellschaft sie auch an Männergesprächen teilnimmt, die Reinhards Meinung nach nicht für die Ohren eines sittenreinen Mädchens taugen. (Vgl. S. 49)

Den Ausbruch aus der Sphäre des dogmatischen Reinhards symbolisieren die Immortellenzweige, deren Zweck in der Pflanzenheilkunde eindeutig postuliert wird. Die Kräuter der Immortelle bringen den Menschen auf den Boden der Tatsachen zurück, nachdem er ausserhalb der Realität wirkte, dies aber zu spät erkannte. Immortellen können überall wachsen, solange genügend Sonnenlicht auf sie strahlt. Jennys Wesen zeigt sich ähnlich, da es unkompliziert ist, in allen Gesellschaften verweilen kann, jedoch ohne die Fürsorge (Sonnenlicht), der es bedarf, nicht dazu in der Lage ist, sich zu entfalten und Blüten zu tragen.

Jenny durchläuft einen markanten psychischen Prozess, durch den sie zur Selbstverleumdung und Selbstentfremdung getrieben wird. Die Natur samt ihrer Fauna und Flora lässt es jedoch nicht zu, dass ihre Geschenke verwelken und zu sehr in die Hände des egoistischen Menschen geraten. Schlussendlich ist sie es, die jeglichem menschlichen Handeln einen Riegel vorschiebt und selber die Funktion eines Treibhauses einnimmt. Die Natur des Menschen verhält sich ähnlich, da sie zwar fremdgesteuert unterdrückt werden kann, schlussendlich aber ausbricht und stärker ist als der Wille externer Kräfte.

4. Literaturverzeichnis

Primärliteratur

Fontane, Theodor: *Effi Briest*. Frankfurt am Main: Insel, 1976

Lewald, Fanny: *Jenny*. München: Deutscher Taschenbuch Verlag, 1996

Sekundärliteratur

Blackwell, Jeannine: Bildungsroman mit Dame: The Heroine in the German „Bildungsroman" from 1770-1900, Bloomington: Ph. D. Indiana University, 1982

Chambers, Helen: Fontane-Studien. Gesammelte Aufsätze zu Romanen, Gedichten und Reportagen, Würzburg: Königshausen&Neumann, 2014 (Fontaneana, Bd. 11)

Hausen, Karin: „… eine Ulme für das schwanke Efeu". Ehepaare im deutschen Bildungsbürgertum. Ideale und Wirklichkeiten im späten 18. und 19. Jahrhundert, in: Frevert, Ute (Hg.): Bürgerinnen und Bürger. Geschlechterverhältnisse im 19. Jahrhundert, Göttingen: Vandenhoeck&Ruprecht, 1988, S. 85-117

Hertz, Deborah: Work, Love and Jewishness in the Life of Fanny Lewald. In: From East and West. Jews in a Changing Europe, 1750-1870 (Ed. By Frances Malino and David Sorkin), Oxford: Wayne State University Press, 1990, S. 202-220

Hoffmann, Roswitha: Das Mädchen mit dem Jungenkopf. Kindheit und Jugend der Schriftstellerin Fanny Lewald, Sulzbach; Taunus: Ulrike Helmer, 2011

Stocksieker Di Maio, Irene: Jewish Emancipation and Integration: Fanny Lewald's Narrative Strategies. In: Knapp, Gerhard (Hg.): Autoren damals und heute. Literaturgeschichtliche Beispiele veränderter Wirkungshorizonte, Amsterdam; Atlanta: Editions Rodopi, 1991, S. 273-301

Rheinberg, Brigitta Van: Fanny Lewald. Geschichte einer Emanzipation. Eine historische Biographie unter besonderer Berücksichtigung des Emanzipationsgedankens, Tübingen: Selbstverlag, 1987

Schacht, Ulla: Geschichte in der Geschichte. Die Darstellung jüdischen Lebens in Fanny Lewalds Roman *Jenny*, Wiesbaden: Deutscher Universitätsverlag, 2001

Schneider, Gabriele: Vom Zeitroman zum „stylisierten" Roman. Die Erzählerin Fanny Lewald, Berlin; Bern; Frankfurt am Main, New York; Paris; Wien: Peter Lang, 1993

Tebben, Karin: Literarische Intimität. Subjektkonstitution und Erzählstruktur in autobiographischen Texten von Frauen, Basel; Tübingen: Francke, 1997

Zajdowicz, Rebecca Ann: Constructing the Ideal German Woman. National Identity and Fanny Lewald's novel *Jenny*. In: Ujma Christina (Hg.): Fanny Lewald (1811-1889). Studien zu einer grossen europäischen Schriftstellerin und Intellektuellen, Bielefeld: Aisthesis, 2011, S. 155-168

BEI GRIN MACHT SICH IHR WISSEN BEZAHLT

- Wir veröffentlichen Ihre Hausarbeit, Bachelor- und Masterarbeit

- Ihr eigenes eBook und Buch - weltweit in allen wichtigen Shops

- Verdienen Sie an jedem Verkauf

Jetzt bei www.GRIN.com hochladen und kostenlos publizieren